Du bist jetzt 50,

man könnte auch sagen, du bist nun
in der besten Phase deines Lebens.
Es heißt ja, dass man mit zunehmender
Reife nicht nur an Lebenserfahrung,
sondern auch an Anziehungskraft gewinnt.

Was dich angeht ...

... was für eine Ausstrahlung!

Du hast schon viel auf die
Beine gestellt in deinem Leben.

Bist du bereit für neue Abenteuer?

Attraktiver Charakterkopf, klug, interessant und in der Blüte des Lebens, bietet jede Menge Erfahrung auf diversen Gebieten, große Abenteuerlust und unbändige Neugier auf die Zukunft.

Hier kannst du
ein aktuelles Bild
von dir einkleben.

Gut, du hast nun eine 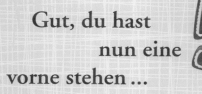 vorne stehen ...

Dafür hast du mittlerweile genügend **Lebenserfahrung,** um zu wissen, dass sich Zufriedenheit, Gelassenheit und Ausgeglichenheit sowieso erst mit den Jahren einstellen.

**Alt werden ist
natürlich kein Vergnügen.
Aber denken wir
an die einzige Alternative.**

Robert Lembke

Alter spielt sich im Kopf ab,

nicht auf der Geburtsurkunde.

Martina Navratilova

Alles ist

Was man mit 50 tun kann:

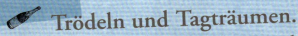

- Trödeln und Tagträumen.
- Mit seiner beeindruckenden Allgemeinbildung angeben.

möglich!

- Eine Weltreise machen.
- Ein Vorbild sein.

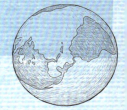

Na gut, die ein oder andere

Falte

ist so langsam zu sehen…

... aber hey, bei dir ist das einfach nur **sexy, interessant** und **attraktiv!**

Es kommt nicht darauf an,
wie alt man wird,
sondern wie man alt wird.

Werner Mitsch

Leben

ist die Entwicklung
vom jugendlichen Helden
zum komischen Alten.

Charlie Rivel

Weißt

🍾 ... wie es war, als *Winnetou, Die drei ???* und *Emil und die Detektive* dich in ihren Bann zogen?

🍾 ... wie es war, als Telefone noch Wählscheiben hatten und man alle Nummern auswendig wusste?

du noch...

...wie es war, als der erste Mensch den Mond betrat?

...wie es war, als die Flimmerkiste nur zwei Programme zu bieten hatte?

Es könnte nun durchaus
etwas peinlich wirken, wenn du
deine Samstagabende
immer noch in der **Disko** verbringst...

…allerdings könntest du danach praktischerweise **deine pubertierenden Kinder mit nach Hause nehmen.**

Das **Geheimnis,** wie man
jung bleibt, ist, anständig zu leben,
langsam zu essen und
in Bezug aufs Alter zu lügen.

Lucille Ball

Ich möchte nichts mit
Naturkost zu tun haben.
In meinem Alter braucht man alle
Konservierungsstoffe,
die man kriegen kann.

George Burns

Du bist

Diese Hinweise deuten unmissverständlich auf dein Alter hin:

- Du hast im Kleiderschrank noch eine alte Schlaghose liegen.
- Immer, wenn du an einer Eisdiele vorbei kommst, weist du ungefragt darauf hin, dass eine Kugel Eis früher nur zehn Pfennig gekostet hat.

enttarnt!

- Du schwärmst von „richtiger" Musik, wie Pink Floyd oder Simply Red.
- Die Armlänge reicht nicht mehr aus, um Kleingedrucktes zu lesen.

Die Wohnung neu einrichten,
die in alle Himmelsrichtungen
verstreuten Freunde besuchen,
ein neues Hobby finden...

Dafür ist jetzt deine allerbeste Zeit!

Aber es ist auch die richtige Zeit,
um an deine

Gesundheit

und das Leben nach der Arbeit zu denken.
Denn du weißt ja, wie wichtig es ist,
gut vorzusorgen und im Alter **fit** zu bleiben. ;-)

Nostalgie,

Disko, Plattenspieler,
Umweltschutz, Campen,
ABBA, Dalli-Dalli,
Rollschuhe, Lavalampe,
Langhaarfrisuren ...

... Frauenbewegung, John Travolta, Flokati, Hot Pants, VW Golf, Rudi Carrell, Afri-Cola, Rocky Horror Picture Show ...

Nostalgie!

Was bei der Jugend
   wie Grausamkeit aussieht,
ist meist Ehrlichkeit.

Jean Cocteau

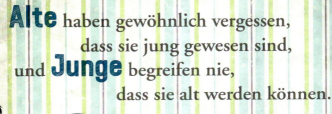

Alte haben gewöhnlich vergessen,
dass sie jung gewesen sind,
und **Junge** begreifen nie,
dass sie alt werden können.

Kurt Tucholsky

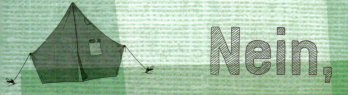

Nein,

Was du mit 50 nicht mehr tun musst:

- Dich in deinem Job beweisen.
- Urlaub im Zelt. Ein Hotelzimmer muss jetzt schon drin sein.

Danke!

Dich von irgendjemandem belehren lassen. Mittlerweile bist du selbst schlau genug.

Dich mit Menschen umgeben, die du eigentlich nicht magst.

Die **schlechte** Nachricht: Du wirst wahrscheinlich nie mehr nur wegen **deines Körpers** begehrt werden.

Die **gute** Nachricht:
Du wirst wahrscheinlich nie mehr nur wegen **deines Körpers** begehrt werden.

Bei älteren Freunden weiß man nie ganz genau, wo die Leidenschaft aufhört und das Asthma beginnt.

Vilman Buckley

Die besten
Vergrößerungsgläser
für die **Freuden**
dieser Welt sind die,
aus denen man trinkt.

Joachim Ringelnatz

Bestimmt schämst du dich jetzt ein wenig, wenn du in Fotoalben deinen früheren

Modegeschmack

begutachtest, ...

... dafür kannst du beim
Jahrgangstreffen mit den
alten Schulfreunden gemeinsam

über die
ollen Outfits
von damals
schmunzeln.

Das sicherste Zeichen für beginnendes Alter ist, dass man schnell noch ein paar Jugendsünden begeht.

Maurice Chevalier

Nichts macht so alt
wie der ständige Versuch,
jung zu bleiben.

Robert Mitchum

No-Go

Was jetzt nicht mehr geht:

- Die Lesebrille zu Hause vergessen, da tut man sich keinen Gefallen.
- Auf Festivals abhängen – ist viel zu anstrengend.

Und das auch nicht:

- 🍾 Klettverschlusssandalen. Ging aber eigentlich noch nie.
- 🍾 Die Euro-Preise in D-Mark umrechnen – die Zeiten sind wirklich vorbei.

50

Was ich habe, ist Charakter
in meinem Gesicht.
Es hat mich eine Menge
langer Nächte und
Drinks gekostet, das hinzukriegen.

Humphrey Bogart

Das Leben ist zu kurz,
um schlechten Wein
zu trinken.

Johann Wolfgang von Goethe

Mit 66 erst?
Also erst in 16 Jahren?
Da siehst du,
wie jung du noch bist!

Lass es krachen!

Get the party

Was noch kommt:

Jede Menge Abenteuer, ...

...aber leider auch noch weitere 17 Jahre Arbeit, bevor endlich die wohlverdiente Rente ansteht.

started!

- Silberne Hochzeit? Enkelkinder?
- Viele weitere Geburtstage und 1000 andere Gelegenheiten, das Leben zu feiern.

Happy Birthday!

Happy Birthday!

Für jeden die passenden Wünsche zum Geburtstag finden Sie auf:

www.groh.de
facebook.com/grohverlag

Idee und Konzept: GROH Verlag. Das Werk einschließlich seiner Teile ist urheberrechtlich geschützt. Jede Verwertung außerhalb der engen Grenzen des Urheberrechtsgesetzes ist ohne Zustimmung des Verlages unzulässig und strafbar. Das gilt insbesondere für Kopien, Einspeicherung und Verarbeitung in elektronischen Systemen.

Bildnachweis: Titel: ultramarin/fotolia (Streifen), iStockphoto/Thinkstock (Champagnerflasche), LeitnerR/fotolia (Randstruktur); S. 6, 44-45: Hermera/Thinkstock; S. 7, 8-14, 16, 18-22, 24-43 und 46-47: iStockphoto/Thinkstock; S. 15 und 23: Instagram Publishing/Thinkstock.

Layoutkonzept: Isabel Große Holtforth

ISBN 978-3-8485-1366-6
© GROH Verlag GmbH, 2014

GLÜCKWÜNSCHE

ALLES GUTE

SPASS

ÜBERRASCHUNGEN
BUNTE
WÜNSCHE

Einen guten Tag

FREUDE

SCHENKEN

Welch schöneren Anlass könnte es zum Feiern geben, als den Tag, an dem Sie geboren sind? Schön, dass es Sie gibt, will Ihnen jemand sagen! Begegnungen wie diese machen uns reich und geben Kraft. Was liegt schon alles hinter Ihnen, was noch alles vor Ihnen? Bei GROH suchen wir zu diesem Anlass nach der passenden Botschaft. Denn da ist jemand, dem Sie wichtig sind und der an Sie denkt.

Ihr Joachim Groh